いま、ここ

谷川俊太郎

いま、ここ ――

他に書下し作品２編収録
リフィルのうた　六穴のうた

poem piece
Published by poem-piece

詩を持ち歩こう　ポエムピースシリーズ PP16ST-03
リフィル 16 枚・ポストカードリフィル２枚（専用バインダー別売）
システム手帳〈聖書サイズ・６穴〉のリフィルとして使用できます。

リフィルのうた

うすら寒ければ重ね着します
もう一杯飲みたければ注ぎ足します
なんだか物足りない感じなら
足りないのは他でもないあなた自身
読むだけで足りなければ
見るだけで不満足なら
自分で何かをリフィルしてみる
それがこのポエムピースのスピリット
足して引いて並べ替えてまた変えて
編集の醍醐味をリフィルで知ると
いつかカケラがぴったりはまり
あなただけのパズルの出来上がり！

谷川俊太郎

六穴のうた

一番穴はのぞき穴
のぞけば未来が見えてくる
二番穴は抜け穴だ
抜ければ地平を超えられる
三番穴は落とし穴
這い上がるのに苦労する
四番穴は針の穴
糸を通して傷を縫う
五番穴はブラックホール
墨の光も捕まえる
六番穴は風穴だ
春風秋風吹き抜ける

Shuntaro T.

poem piece

定形外です

Post Card

谷川俊太郎

いま、ここ

poem piece

ポエムピース

◆このパッケージにおさめられている作品

地球へのピクニック

ここで一緒になわとびをしよう　ここで
ここで一緒におにぎりを食べよう
ここでおまえを愛そう
おまえの眼は空の青をうつし
おまえの背中はよもぎの緑に染まるだろう
ここで一緒に星座の名前を覚えよう

ここにいてすべての遠いものを夢見よう
ここで潮干狩をしよう
あけがたの空の海から
小さなひとでをとって来よう
朝御飯にはそれを捨て
夜をひくにまかせよう

ここでただいまを云い続けよう
おまえがお帰りなさいをくり返す間
ここへ何度でも帰って来よう
ここで熱いお茶を飲もう
ここで一緒に坐ってしばらくの間
涼しい風に吹かれよう

──『愛について』

24

何気なくうつってゆく午後の陽差の中にいると
ふと生きることが肌寒い
何ごとも起らない無為の中に身を置くと
生きることの姿がかえって静かに明るい

すべての故郷《ふるさと》を失ってしまう時があるものだ
山の向こう雲の向こう人のあいだを探しあぐねて
ふたたび人が自分に帰ってくる時
そして自らを故郷と呼ぶにあまりに人が貧しい時……

人はもはや帰るという言葉をあきらめる
ただ生きること
ただここにそして今　生きること——

冬の陽差が私に教える
だが私は若い
私はなおあきらめよりも美しい何ものかを信じ続ける
……

——『62のソネット＋36』

生きる

生かす
六月の百合《ゆり》の花が私を生かす
死んだ魚が生かす
雨に濡れた仔犬が
その日の夕焼が私を生かす
生かす
忘れられぬ記憶が生かす
死神が私を生かす
生かす
ふとふりむいた一つの顔が私を生かす
愛は盲目の蛇
ねじれた臍《へそ》の緒
赤錆《あかさ》びた鎖
仔犬の腕

──『絵本』

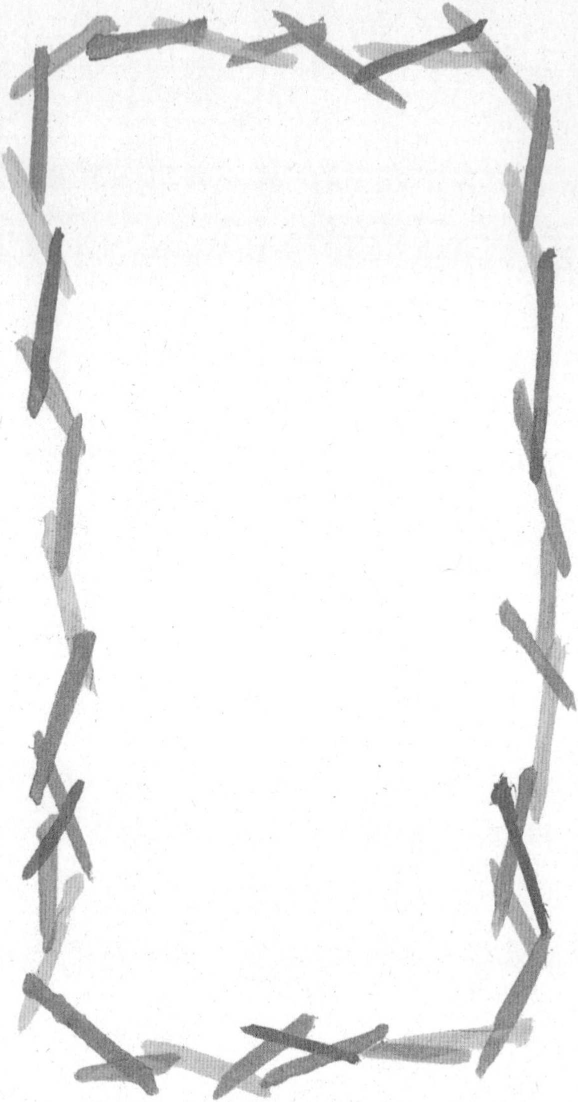

乞食

黙っているわけを問われた
だが黙っているわけは
黙っている以外云いようはなかった
彼等は私をなぐりつけ
私の松葉杖を折り
私の小さな茶いろの犬を殺した
私は笑った　これで私は永遠の乞食だ
すべての善き市民たちの目の前で
うずくまったままいつまでも生きてゆこう

──『谷川俊太郎詩集／河出書房』

地球の客

躾《しつけ》の悪い子どものように
ろくな挨拶もせず
青空の扉をあけ
大地の座敷に上がりこんだ

私たち　草の客
木々の客
鳥たちの客
水の客

したり顔で
出された御馳走に
舌づつみを打ち
景色を讃《ほ》めたたえ

いつの間にか
主人になったつもり
文明の
なんという無作法

だがもう立ち去るには
遅すぎる
死は育むから
新しいいのちを

私たちの死後の朝
その朝の
鳥たちのさえずり
波の響き
遠い歌声
風のそよぎ
聞こえるだろうか
いま

──『真っ白でいるよりも』

冬に

ほめたたえるために生れてきたのだ
ののしるために生れてきたのではない
否定するために生れてきたのではない
肯定するために生れてきたのだ

無のために生れてきたのではない
あらゆるもののために生れてきたのだ
歌うために生れてきたのだ
説教するために生れてきたのではない

死ぬために生れてきたのではない
生きるために生れてきたのだ
そうなのだ　私は男で
夫で父でおまけに詩人でさえあるのだから

──『その他の落首』

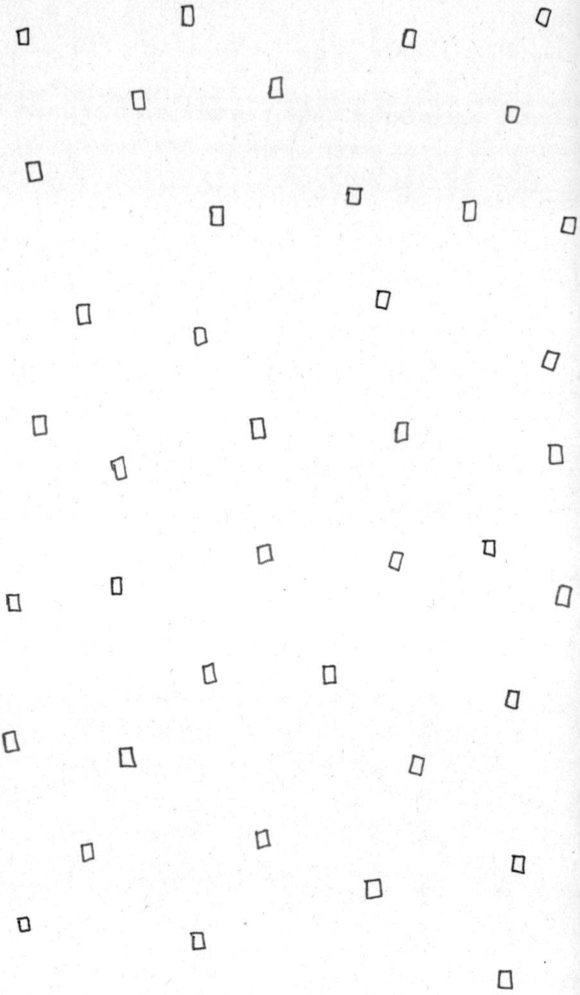

はな

はなびらはさわるとひんやりしめっている
いろがなかからしみだしてくるみたい
はなをのぞきこむとふかいたにのようだ
そのまんなかから けがはえている
うすきみわるいことをしゃべりだしそう
はなをみているとどうしていいかわからない
はなびらをくちにいれてかむと
かすかにすっぱくてあたまがからっぽになる
せんせいははなのなまえをおぼえろという
だけどわたしはおぼえたくない
のはらのまんなかにわたしはたっていて
たってるほかなにもしたくない
はだしのあしのうらがちくちくする
おでこのところまでおひさまがきている
くうきのおととにおいとあじがする
にんげんはなにかをしなくてはいけないのか
はなはただrealいているだけなのに
それだけでいきているのに

──『はだか』

しあわせ

わたしはたっています
おひさまがおでこに
くちづけしてくれます
かぜがくびすじを
くすぐってくれます
だれかじっと
みつめてくれます
わたしはたっています
きのうがももを
つねってくれます
あしたがわたしを
さらっていこうとします
わたしはしあわせです

──『子どもの肖像』

ありがとう

空　ありがとう
今日も私の上にいてくれて
曇っていても分かるよ
宇宙へと青くひろがっているのが

花　ありがとう
今日も咲いていてくれて
明日は散ってしまうかもしれない
でも匂いも色ももう私の一部

お母さん　ありがとう
私を生んでくれて
口に出すのは照れくさいから
一度っきりしか言わないけれど

でも誰だろう　何だろう
私に私をくれたのは？
限りない世界に向かって私は呟く
私　ありがとう

──『子どもたちの遺言』

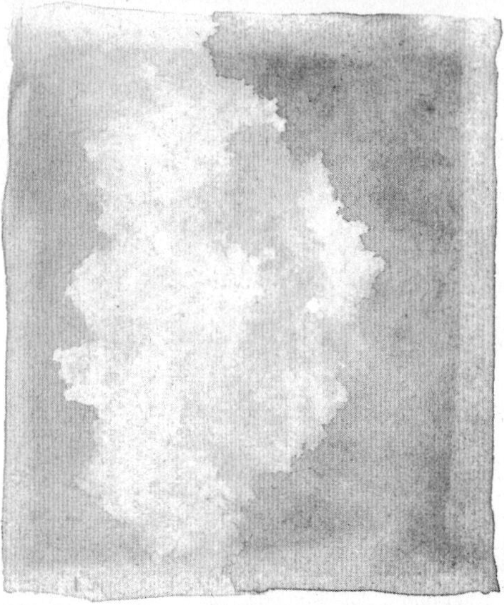

そして

夏になれば
また
蝉が鳴く

花火が
記憶の中で
フリーズしている

遠い国は
おぼろだが
宇宙は鼻の先

なんという恩寵
人は
死ねる

そしていう
接続詞だけを
残して

—『minimal』

芝生

そして私はいつか
どこかから来て
不意にこの芝生の上に立っていた
なすべきことはすべて
私の細胞が記憶していた
だから私は人間の形をし
幸せについて語りさえしたのだ

──『夜中に台所でぼくはきみに話しかけたかった』

定形外です

Post Card

鳥羽　1

何ひとつ書く事はない
私の肉体は陽《ひ》にさらされている
私の妻は美しい
私の子供たちは健康だ

本当の事を言おうか
詩人のふりはしてるが
私は詩人ではない

私は造られそしてここに放置されている
岩の間にほら太陽があんなに落ちて
海はかえって昏《くら》い

この白昼の静寂のほかに
君に告げたい事はない
たとえ君がその国で血を流していようと
ああこの不変の眩《まぶ》しさ！

──『旅』

定形外です

Post Card

谷川俊太郎　いま、ここ

ポエムピースシリーズ PP16ST-03

2016年12月15日発行　著者 / 谷川俊太郎
選・編集 / 古川奈央　デザイン / 堀川さゆり　発行 / ポエムピース
 ISBN978-4-908827-14-3 C0495

「ポエムピース」シリーズは、ポエムピースから。
システム手帳のリフィル型詩集シリーズ「ポエムピース」は
自分で好きな詩を選んで、好きな順番に編集できる詩集シリーズ。
バイブルサイズ6穴のリフィルに詩が印刷されており、
好きな詩だけを好きな順序に並べて楽しめます。
フリーメモやポストカードとして使えるピースも収録。
専用バインダーもラインナップしました。
今後、様々なテーマの詩集を発売してゆきます！
挿絵やシールなどのリフィルも発売予定。
「自分だけのコレクション」を、ぜひお楽しみください！

詩のある出版社
ポエムピース株式会社

9784908827143

1920495006907

ISBN978-4-908827-14-3
C0495 ￥690E
定価　本体690円＋税
発行　ポエムピース